MI INTERIOR

JUAN CARLOS AREVALILLO RIQUELME

Mi Interior

(2021-2023)

© Obra: MI INTERIOR (2021-2023)

Primera edición: Abril, 2025

© Autor: Juan Carlos Arevalillo Riquelme

ISBN: 978-84-10039-42-1
Depósito Legal: M-206-2025

Dibujos: Borja Arevalillo de Zulueta
Diseño de cubierta: Juan Carlos Arevalillo Riquelme
Maquetación: Jesús Navarro Bravo

© Editado por VISION LIBROS www.visionlibros.com

Gestión, promoción y distribución: Grupo Editor Vision Net S.L.
C./ San Ildefonso 17, local, 28012 Madrid. España.
Tlf: 0034 91 3117696 // Email: pedidos@visionnet.es
www.visionnet-libros.com

Disponible en librerías físicas y online.

Prólogo

La vida nos envía mensajes continuamente, unos parecen noticias venturosas, otras, alertas intrigantes, tanto, que afectan a nuestra salud, mental y físicamente. Como los recibimos, forma parte de la personalidad de cada individuo. Pueden ser previsibles, pueden ser sorpresivas, pero en todos los casos, cada una recibe un análisis diferente.

La sensibilidad de cada persona, se manifiesta de diferentes formas y maneras, así es, que desde lo mas primitivo, que puede ser el dolor físico e imprevisible, a la incertidumbre de sus causas, del dolor moral o sentimental que la persona aborda, generalmente con pesadumbre.

La sensibilidad humana analiza de diferentes formas y maneras, como dar cauce a sus soluciones.

Poder manifestar esos sentimientos a través de la forma literaria mas concreta, que es la poesía, es un reto maravilloso, pues abarca el pensamiento íntimo del individuo y sus reflexiones, sobre los diferentes aspectos de la vida.

El amor, la naturaleza, las relaciones sociales, familiares, todo puede ser susceptible de transformarlo en forma de poemas, tan libres y espontáneos, como pararse a conseguir una forma literaria mas pulida o por el contrario, olvidar la forma.

Superar los retos que la vida nos va imponiendo a lo largo de los años, va conformando la sensibilidad de los individuos y cuando esa sensibilidad se orienta hacia la creación literaria en forma de poemas, acudimos a un fenómeno de creación único, que puede ser la revelación de una superación de los retos diarios, o no tanto, para conformar un universo plagado de satisfacciones emocionales.

Puede ser que la convinación de las diferentes habilidades de Juan Carlos, den lugar a un mundo rico en matices, plasmados en su poesía.

Deleitarse con la lectura en general, de la poesía y de un individuo en concreto, es adentrarse en un mundo repleto de emociones, por lo que hay que envolverlos de sensibilidad y disfrute.

Pedro Jiménez Hernández

Para aquellos que quisieron estar junto a mí,
agradecimiento,
para los que no supieron,
confianza,
para los que no quisieron,
éstos, me dan igual…

En un rincón...
(Hospital Ramón y Cajal, 19-09-21)

Necesito oír, necesito escuchar a la vida, lo que me está contando. Pararme, sentir de que manera soy capaz de asimilar y controlar todo este juego, en el que, sin saber porqué, el tambor de una pistola, sigue girando, desconociendo, ni cuando, ni donde, se parará. Noches en vela, donde mis ojos se pierden buscando referencias amables, en las que poder disimular mi tensión. Recuerdos de noches pasadas, en las que el calor de las máquinas a mi alrededor, hacen que sus parpadeos de luces, se conviertan en cómplices guiños sonrientes.

Solo, en una gran sala, es, donde las conversaciones ajenas no me interesan nada y en las que solamente buscas ese calor humano que te aporta una simple mirada, o una mano firme.

Cierro los ojos con miedo, ante esos enormes focos, pero con la confianza de ser la figura principal en un partido importante. Sonidos que se van difuminando lentamente, sabiendo la estrategia a seguir.

Transcurrido el tiempo necesario, no queda nadie, ni luz, ni olor, ni caras, que indiquen el resultado de la contienda.

Cuando consigo abrir los ojos, no miro el marcador, pero si me interesa el resultado final.

Un ruido extraño, metálico, me hace sentir que algo no va bien; es el famoso tambor de la pistola, que ha intentado pararse, pero la inercia, le ha llevado a seguir girando. Un giro silencioso, lento pero continuo, que procuro sacar del mundo que ahora me toca vivir.

Amanece en esta habitación oscura, rodeada de mis inseparables máquinas de pitidos y luces incesantes, pero sin poder ver el sol, ni ese cielo azul, ni esa naturaleza, que tanto me ayuda a vivir.

Disfruto cuando cierro los ojos y formo mi propia vida irreal, activa, divertida, humana. Momentos en los que manejas situaciones a tu antojo y que sin darte cuenta, dormido, notas esas lágrimas valientes, que aun siendo de noche, son capaces de tener su sitio y brillar.

Descanso, gracias a un trabajo emocional, que procuro potenciar cada día y que me aporta ese control físico y psíquico, que en determinados momentos, es muy difícil posicionar, dentro del entorno tan especial, como el que vivo en esos momentos.

Tengo que buscar el equilibrio entre actividad y descanso.

Me fallan las fuerzas, cuando no paro lo suficiente o tengo una actividad, que por mis pocas reservas, no acabo de dosificar.

Es fundamental intentar descansar cuerpo y mente a la vez.

Ya en casa después de un mes y ahora sí miro al cielo, rodeado de mi gente, con esa actividad rutinaria de trabajo, colegio, entrenos, escoba y fregona.

Una familia humana, volcada en espacios fuera de sus obligaciones, que sin duda, me ayudarán a reducir mi tiempo de recuperación y que nunca podré agradecerles en toda su extensión.

GRACIAS A TODOS

Como soñar

Como sonará mi voz
cuando ya no esté,
si tu tampoco estarás
aunque estemos juntos.

Hablaremos con miradas
con suspiros,
nos cogeremos de la mano
para en silencio
escuchar nuestros corazones.

Sólo seremos almas,
almas alegres,
almas inquietas,
no quiero mas...

Algo se mueve

Cuál será la distancia
a los sentimientos,
que a duras penas
brotan en silencio.
Se difuminará su imagen,
crecerá su cuerpo invisible,
o se perderá el rastro
si el corazón no siente.
Manejaré herramientas viejas,
para ocupar espacios nuevos,
fabricaré ilusiones
para mi alma inquieta.

Y a ti,
te importará mi vida?
o esperarás callada,
no moverás tus manos,
ni te importará nada.

Pobre jubilado viejo.
Ya sólo le queda el alma.

Siempre estarás

No veo mas allá del horizonte,
aunque de puntillas apure mi altura,
aunque me agarre a las nubes
y el sol me ilumine.
Era de noche, no lo sabía,
aguanté tranquilo,
manejando el tiempo dormido,
que olvidé vivir de día.
Seguía recto, lejano, difuso,
caminé solo, en silencio,
quería contarle sueños,
sin que nadie lo escuchara.
Paré buscando atajos,
para encontrar caminos viejos,
para poder llegar a ti
y contar,
que al fin te vi.
Miré atrás,
también te veía,
no se si era el mismo,
pero si se parecía.
Yo sólo miraba,
el, sólo reía…

Te encontrarás

Cuando me encontraré,
si me perdí en la noche,
sin sentir nada.
Sigo sin respuesta,
cual cachorro perdido en la selva,
sólo entiendo la salida,
en la tristeza.
Sudo a oscuras,
buscando en los rincones
de mi ansiada alma,
ese cuerpo perdido.
Hablo en alto,
para que la noche
no confunda mi voz,
para que vuelva,
para que sane mi cuerpo débil.
Vagabundo sin ti,
dejando espacios
que llenaré,
cuando sepa sentir,
tus labios en mí.

Vida confinada

Siento que algo se pierde,
se pierde algo en mi vida,
y es la propia vida
que se agota, se esfuma.
Quiero animarla riendo,
con abrazos de siempre,
pero no quiere,
no sé que le pasa.
No quiere esta vida,
quiere su vida de siempre,
de besos, de abrazos,
de aire fresco y noche clara.
Lucha con todo y por todos,
no llores por eso,
pero ríe, a la vez que vives,
tu vida, mi vida…

Espacio roto

Se quedarán los sueños
en mi maltrecha almohada?
o tendrán vida propia
entre las sábanas de raso.
Me contarán historias reales,
cuando dormido y en alto,
saco mis secretos guardados,
de tantos desvelos y llantos.
Dividiré mi infinita almohada,
para poder contar a un lado,
sin que lo sepa el otro,
escondiendo en el centro
mis secretos mal guardados.

Extenderé mis brazos en ella,
para equilibrar amores rotos,
para que no envidien sus sitios,
para que no muestren sus celos.
Soñarán en silencio,
mis ilusiones
dormiran,
descansaran...

Cansancio

Sueño despierto de día,
porque de noche no duermo,
porque me asusta
el ruido de mis lamentos.
Camino lento e inseguro,
no tengo rumbo, ni ganas,
sólo me anima el aire,
sólo me empuja el viento.
Pero estoy solo,
no veo a nadie,
grito al cielo,
no me oye,
siento miedo.
No entiendo nada,
si mis pies
siguen haciendo marcas
en esta tierra mojada.
Truenos de aviso sin nombre,
no hay nubes, ni estrellas,
solamente sol,
no entiendo nada.

Libre

Es fácil oír el viento
cuando callas,
cuando cierras los ojos
y escuchas.
Mueve tus cabellos locos,
peina tus pestañas negras,
que protegen tu mirada,
cerrando tu muda boca.
No quiere oírte,
sólo demostrar su fuerza,
sin importarle nada,
ni tan siquiera la noche.

Sólo era el aire

Atrapé su corazón en un globo,
sin saber su desconsuelo,
sin entender su deseo
de ser libre.
No sirvió de nada,
sin ruido,
sin prisa,
era noche cerrada,
y al amanecer,
ya no estaba.
Se marchó en silencio.

Noche de luz

Cambió la luz despierta
por la noche callada,
para no ser nada,
sólo la luna manchada.
Noche de luna llena,
noche estrellada y clara,
donde esconder secretos,
donde borrar mis penas.

Reflejo serio de larga estampa,
aguas tranquilas de otoño
invitan mudas su juego
de aventuras deseadas.
Noche de luna llena,
entre bosques y montañas,
entre sombras y nostalgia,
quiero esconderte a ti,
para poder soñarte,
para poder amarte.

Mi amigo

Me habla mi cuerpo
con señales internas,
vive nervioso, inquieto,
no se relaja.
Latidos de lucha,
lágrimas de miedo,
porque en la noche,
le inquieta dormirse.
Noches de insomnio
para ayudar a vivir,
no duerme, ni descansa,
sólo piensa en latir.
Sin sonar,
marca su ritmo el reloj,
amanece sin descanso,
no piensa ahora en parar.
Noto la energía
que empuja el motor,
para no parar de golpe,
para no parar de día,
para nunca parar.

Miedos

Querría ver de noche,
lo que no me atrevo
a ver de día,
todo me asusta,
menos la mirada de la luna.

¿Será esto el amor?

Si fuéramos capaces
de fundir nuestros besos,
seguro,
que seríamos capaces
de vivir,
con un solo corazón…

Silencio

No puedo sorprenderte
en la silenciosa noche,
el viejo suelo de madera,
chiva mis pasos débiles,
aunque descalzo vaya
y quisiera acercarme a ti…

Dejo marcadas mis huellas
descubiertas por la luna
en esa madera oscura
guiando ese encuentro inesperado.

Noche de luz

Cambio la luz despierta,
por la noche callada,
para no ver nada,
sólo la luna manchada.
Noche de luna llena,
noche estrellada y clara,
donde esconder secretos,
donde borrar mañanas.
Reflejo serio de larga estampa,
aguas tranquilas de otoño,
invitan mudas al juego
de aventuras deseadas.
Noches de luna llena,
entre bosque y montaña,
entre sombras y nostalgia,
quiero esconderme de ti,
para poder soñarte,
para poder amarte.

Corazón roto

En cuantos trozos mas,
se podrá partir el corazón,
después de luchar
sin descanso.
No lo se,
ni tengo respuesta,
sólo siento los restos despistados,
que deambulan por adentro,
por rincones imposibles de mí ser.
Lucho sin descanso,
por curar mi corazón,
por sanar esas heridas,
de mi maltratado amor.
Sólo son dos manos,
para apretar mi pecho,
para evitar perderlo todo
y parar esta hemorragia mía.
No hay lágrimas ya,
para estos ojos secos,
que siguen llorando,
buscando solución al mal,
buscando calmar mi vida,
buscando vivir en paz.

Espacio loco

Oigo el eco de mis latidos
en una habitación sola,
en una cama triste,
donde contar mis penas.
Extiendo el brazo,
no encuentro nada,
sólo el frío espacio
de sábanas cobardes.
Sigo escuchando la noche,
donde la luna busca el espacio
para ponerse a mi lado,
para secar esos ojos,
que ahogan mi almohada.
Abrí los ojos,
amanecía,
pero no lo entendia,
cruzaba miradas al sol,
avisando mi agonía.
Me miró,
demostrando su alegría,
secó mi cara llorosa,
dando calor a mi pecho,
se escondió entre nubes,
para dar por fin,
carpetazo a mi agonía.

Drama o tristeza

Vuelve la vida a romper
mi corazón débil,
sin poder hacer nada.
Sólo un suspiro,
para escuchar el silencio,
después del miedo.
Demasiada tristeza,
para despedir amigos buenos,
amigos de siempre,
que han apagado pronto su luz,
sin poder disfrutar,
lo bonito de la vida.
Descansa en paz,
amiga Toñi…

Almas vivas

Cuantas almas vivirán en el cielo,
sin rincones, ni salones,
sin ventanas,
ni balcones.
No habrá ruido
o hablarán todas,
se unirán riendo
o llorarán solas.
Cuantas almas,
vivirán en el cielo,
entre nubes y tormentas,
entre algodones blancos.
Me esperarán a la entrada
o pasaré en silencio,
sin preguntar nada.
Cuantas almas vivirán en el cielo…

Vivo

Junto a la orilla paseo
sin dejar huellas profundas,
sólo huellas del momento,
que se olvidan que pasé.
Mis canas brillan en la sombra
de un sol amigo,
calentando mi cara,
ensombreciendo mi espalda.
La brisa,
seca las pestañas mojadas
de una noche larga,
de esa noche plena
de sueños imposibles.
Sigo paseando,
para que mis ojos vean,
lo bonito de la vida,
para que nunca lloren,
para que siempre rían.

Arriba

Siento mi fuerza de vida,
aunque a veces llore,
aunque mis pies pesen
y me cueste reír.
Extiendo mis brazos,
para abrazar la brisa
que limpia los rincones
maltratados de mi ser.
Hago esfuerzos por volar,
por sentir que mis huellas
no se marcan en la seca tierra,
dejando marcas de tristeza.
Alzo el vuelo,
sintiendo que mi corazón vive.
Subo y subo sin miedo,
notando que vivo,
que ya río por vivir
y no lloro por morir…

Maestra

Seguía creciendo la luna
tímida y lúcida,
tapando su cara,
entre nubes
de formas dispares.
Siempre seria y perfecta,
sin faltar a su cita,
aunque trasnoche
y cansada se acueste.
Cruza su espacio,
iluminado el oscuro cielo,
salpicado de mudas estrellas
que maquillan su ajado rostro.
No llora, ni ríe,
pero si no está visible,
transmite ansiedad,
buscando esa luz,
que calienta nuestras vidas.

Cantos vivos

Amanece el bosque,
escuchando el trino alegre
de jilgueros escondidos,
de cuervos inquietos
buscando presa.
Dan cuerda al día,
que desperezándose,
nacía bajo brumas
y rocío.
Cantos de vida,
silencios nerviosos
por el vuelo acosador
del águila despierto.
Sombras serias pasajeras,
todos callan,
siempre alerta
esperando que se aleje.
Vuelve el murmullo,
de ese día alegre,
dando calor
a esa naturaleza viva.

Mirada triste

Hablo sin decir nada,
sólo una mirada mantenida
fija en los ojos
de alguien perdido.
Expresiones débiles,
tristes muecas sin vida,
sonrisas forzadas
de gestos vagos, sin luz.
No aguanta mucho mi mirada,
sólo el tiempo justo del miedo,
el tiempo de una corta respiración,
seguida de una lágrima forzada.
Cierra los ojos vencidos,
no ve, ni mira,
sólo llora su impotencia,
de una cobarde vida.

Enredos

Entre los pinos,
rayos de luz y sosiego,
sombras caprichosas
con misteriosos colores.
Entrecruzan sus ramas
como queriendo unir sus vidas,
muchas secas y tristes,
otras verdes y joviales.
Cobijo de nidos perfectos,
discretos, acogedores,
que amenizan cada amanecer
de un día sencillo y claro.
Una suave brisa
mueve las altas copas,
como despertando los sueños,
de rezagados gorriones.
Sube el sol,
crece lenta esa seria sombra,
para duplicar la belleza
de un día cualquiera.

"Ya había amanecido,
te reconocí,
por el silencio de tu respiración"

No me esperes

Tiempo de espera
que se hace eterno,
de rutinas rotas
forzadas por el tiempo.
Máquina infernal,
imposible de abrazar
sin parar su música
de instrumentos invisibles.
Sientes tus arrugas crecer,
sin saber su procedencia,
si vendrán solas
o traerán su amanecer.
Tiempo, sólo tiempo,
sin saber que es el tiempo,
pero pasa, no para,
te subes o cantas.
Se me ha hecho tarde,
sin saber que es el tiempo,
sólo el temblor de mis manos,
junto al bastón ya gastado.

Vivir sintiendo

Hay veces que en mi silencio,
soy capaz de oír
el flujo de mis venas,
o el palpitar de mis sienes.
Siento que la maquinaria,
acompaña esos latidos,
se siente fuerte
segura y alegre.
Mis manos,
sólo tiemblan en la noche,
cuando nadie las ve,
asustadas y nerviosas.
Cruzo mis dedos
para evitar el frío,
para esconder en mis bolsillos
y tranquilizar mi miedo.
Hasta mis pasos
no suenan alegres
pero los fuerzo,
para que mi angustia,
se quede en el viento.

Final cobarde

Ilusión contenida en el tiempo,
vagos recuerdos de una infancia
que creció feliz,
soñando, jugando.

Malos momentos,
vivencias duras
que dejaron huella,
en mi tierna vida.

Mente de doble vida,
esfuerzos infinitos,
pensamientos imposibles
por conseguir mis retos.
Mente lejana, complicada,
querida y luchada,
arrastrada, tumbada
y malherida.
Fin de ideales compartidos,
fin de ilusiones engañadas
para un final cobarde,
de un final entristecido.

Vida pura

Caminos polvorientos solitarios,
cunetas verdes mojadas
por un rocío brillante
en su amanecer nuboso.
Solitarios caminos,
pateados por ganado sin dueño,
cencerros sonando a coro,
con el cantar de esa lejana iglesia.
Sale el sol de sus aposentos
dando luz a los rincones del cielo,
huyen las nubes del calor,
crecen las sombras de un árbol seco.

Ruidos de fondo,
perros ladrando,
ovejas balando,
vacas pidiendo ordeño.
Sabia naturaleza,
de aire puro y limpio,
para sanar el cuerpo,
para sanar la mente.

No sabría

No sabría contestar al silencio,
ni preguntarle por mí,
aunque me enseñase trucos
de magia ocultos.
No sabría.
Le preguntaría,
como vive el silencio,
si, en silencio,
o callado sin mas.
Como eres capaz
de abrazar al aire,
acompañar la noche,
y a la vez,
mirar la luna.
No sabría vivir sin ti,
aun sabiendo mis temores,
tus ruidos ocultos,
y tus enormes vacíos.
Silencio,
no te sabría contestar,
al tenerte a mí lado,
para estar siempre en silencio,
No sabría…

No lo sé

¿Quién es débil?
un fuerte tímido,
un árbol seco o
un junco al viento.
No es débil
el que puede,
ni tan siquiera
el que quiere.
Débil es la tierra,
que permite dejarse marcar,
el papel,
que no impide,
la escritura sobre su piel.
Podría ser yo
luchando contra ti,
pero sería débil,
como tu.
Dame la mano,
ofrécela tu también,
así conseguiremos,
fortalecer al débil,
fortalecer al mundo.

Miedo

Cuando estés solo,
no extrañarás al cobarde
que se apartó de ti,
ni al valiente que se fue
en un descuido forzado.
Sólo estarás solo,
cuando entre gente no estés,
cuando te llame el silencio,
sin saber porqué.
Estarás solo,
cuando tu almohada,
no sea capaz
de recordar tus sueños.
Cuando tus huellas paralelas,
se marquen profundas
y al volver de su aventura,
sólo veas las heridas en la tierra.
Estarás solo,
cuando cantes en tu pozo
y el eco, no te responda,
o cuando el sol,
robe tu sombra.
Sólo estarás solo,
cuando yo ya no esté…

Un día cualquiera

Un día de primavera, amanecía, cuando mis pasos sonaban acordes, con un ritmo alegre y caprichoso.

Sin rumbo definido, andaba y andaba con la sensación de sentirme observado por multitud de pájaros de diversos colores y tamaños.

Me llamó la atención uno amarillo, pequeño, inquieto.

Me miraba y volaba, como queriéndome arrastrar a un determinado sitio. No le hice caso.

Al cabo de bastante rato y ya de vuelta a casa, en el mismo sitio, allí seguía aquel pequeño pajarillo, mirándome, piando sin parar. Me quedé mirándole y accedí a sus desesperados intentos de que le siguiera.

Nervioso, desconfiado, seguía volando en espacios cortos, sin dejar de controlar mis movimientos.

Sólo a través de sus sonidos, llegué a encontrarlo.

Lo busqué entre ramas y juncos, viendo un nido con sus polluelos, volcado entre piedras y de difícil acceso.

Allí estaba él, me miró y paró de piar, asustado, presenciando aquella tragedia.

Retiré zarzas, no sin marcarme manos y brazos, hasta llegar a ese nido desangelado, con sus dos polluelos sin plumas y asustados entre piedras. Rescaté aquel desastre poniendo el nido en un sitio resguardado, ante la atenta mirada de aquel pájaro amarillo, desconfiando de mis lentos movimientos.

Seguí mi camino a casa, cuando noté en vuelo rasante, que algo tocaba mi cabeza. Era él, aquel pájaro amarillo,

me dio las gracias a su manera, con un sutil roce de sus patas en mi cabeza.

Ya no piaba, sólo cantaba alegre en un día soleado cualquiera…

Tu realidad

Sol cegador,
me fuerzas a darte la espalda,
para no ver brillar
tus lágrimas reales.
Llueve al atardecer,
sin dejarse ver
su rostro triste,
oculto entre nubes.
Truenos, gemidos sonoros
de un corazón que sufre,
rayos nerviosos
y luminosos.
¿Será humano el sol?
o sólo su planta altiva
confundirá al sentirse mal,
por pensar ser vulnerable.
Dará todo igual,
volverás a lucir,
volverás a llorar,
incluso a reír,
volverás a ser tu…

Vuelta oscura

Paseo de noche,
me mira la luna,
no me quiere ver solo
dándome su luz,
para que me acompañe
mi sombra.
No se oculta,
quiere seguir mis pasos,
seguir mi desorientado rumbo,
para guiar mi vuelta
y ver que mi sombra,
delante, marca el camino.
A mi espalda,
proyectas sombras nerviosas,
reflejos que animan mi marcha
en silencio,
salvo los grillos,
que alegres,
no paran de contar sus risas.
Paro, te miro,
quiñas tu ojo despierto,
sonríes,
te ocultas despacio
al igual que mi sombra.
Estamos de vuelta,
me giro y duermo…

Pueblo amigo

Amanecer de invierno,
rocío, niebla y frío,
cielo raso,
sigue arropado el pueblo.
Mudas chimeneas,
escriben mensajes al cielo,
olor a humo viejo
de recuerdos pasados.
Esfuerzos del sol por salir,
abriéndose hueco,
entre espesas nubes blancas,
que despiertan lentas y perezosas.
Aun luce la luna
que busca resguardo,
entre montañas brillantes
por el rocío.
Sólo el agua,
sabe imitar en su piel
tanta belleza,
mezclando cielo
y tierra, sin saber
diferenciar la realidad.

Vida en llamas

Frente a la vieja chimenea,
vuelven recuerdos de niñez,
olores que marcan las ropas,
sin saber porqué.
Llamas que hipnotizan
nuestros pensamientos,
ojos que no parpadean,
ante el espectáculo variado
del fuego amigo.
Siempre diferente,
caliente la cara,
fría la espalda,
manos que brindan sus palmas.
Hasta las ascuas débiles,
invitan a seguir mirando
y alargar esa agonía incierta
que llegará con el sueño,
de un ajetreado día.

A mi también

Todo cambia,
por fuera, por dentro,
de la mano del tiempo,
de tu luna y de tu cielo.
Cambia el color del árbol
frente a mi ventana,
la luz se torna sombría,
no aguantan sus hojas
en las ramas secas,
que aguantan firmes,
esos envites del viento.
Cambia mi aspecto
con canas brillantes,
que desvían la atención
de esas profundas arrugas.
Cambia mi corazón
con latidos pausados,
serenos y firmes,
latidos maduros,
de un corazón cansado.
Todo cambia,
por dentro,
por fuera...

Árbol viejo

No busques la luz
entre mis ramas secas,
mira al horizonte
por donde nace.
Dobla el viento
mi maltrecho tronco,
forzando mis quebradizas ramas,
temiendo ser rotas.
Pierdo mis hojas
sin tener ninguna,
ni verdes, ni secas,
rompiendo el vínculo
de mi vida en ellas.
Desnudo, sin frío,
pero ya viejo,
temo romper mi espalda
o agrietar mi tronco.
Es el otoño,
sin preguntar llega,
sin avisar del frío, que el tiempo espera.

Otoño tardío

Lluvia de otoño
limpia y fría,
ya llego el final
de veranos cortos.
Ya suenan los arroyos,
ya bajan los ríos,
que triste durmieron
y alegres nacieron.
Ya cambia la luz
con nubes tempranas,
ya no luce tanto el sol,
pero brillan las montañas.
Nuevos colores tiñen la llanura,
confundiendo sus rincones,
recordando viejos sueños,
de paseos anteriores.

Ya suenan las pisadas,
con huellas encharcadas,
ya llego el otoño,
con su agua, con su vida.

Caminante

Caminando,
cierro los ojos,
para saber que vivo,
para notar que vivo.
Quiero confundir mi mente,
sin saber si es día
o noche cerrada,
sólo sentir la vida.
Paro, sin saber porqué,
para sentir la lluvia en mi cara,
confundir mis lágrimas frescas,
o peinar mis canas mojadas.
Me empuja el viento
mi curvada espalda,
no escucho grillos,
ni campanadas.
Mientras,
mi corazón se agita.
Respiro lento,
huelo a leña,
huelo a humo,
siento que río,
siento que vivo…

Campo abierto

Amanece lloviendo,
sin pájaros, sin sol,
nubes nerviosas,
caminan con prisa.
Sopla el viento,
despertando al día,
hay poca luz,
pero siempre amanecía.
Sale el ganado a pastar,
lento, serio y aburrido,
todos prefieren sol,
al incómodo frío.
No levanta el humo,
de esas chimeneas frías,
como queriendo cubrir´
esos desnudos tejados.
Sonidos lejanos,
de esa campana vieja
que marca el tiempo,
sin saber si es de día.
Ya luce el sol…

Siento frío

Siento el frío en mi alma,
frío interior, oculto,
frío serio,
frío triste.
Mi cabeza
pone en marcha,
su maquinaria extraña
para encender la llama.
Busca el rincón
donde aparece el miedo,
donde falle algún sensor
que interrumpa mi alegría.
Trabajo diario, mudo,
ingrato a veces,
incansable y duro,
horas de nada,
seguidas de mucho.
Encontraré la llave
que entienda el sentido,
de un cuerpo frío,
arropado en su alma.

"Mira siempre a los ojos,
te ahorrarás muchas explicaciones"

Solo

Pobre árbol caído en el rio,
estático,
sin saber nadar,
sin poder hablar.
Cruzado entre piedras,
no tiene hojas,
ni apenas ramas,
sólo un tronco desnudo.
Mirará al sol,
para secar su corteza oscura,
dormirá mojado
como cualquier día.
No sirve ya de puente,
en un caudaloso río,
no crecen ya sus ramas,
ni sus raíces muertas.
Sólo le quedará llorar,
mezclar sus lágrimas limpias
con gotas de río,
hasta morir en el mar.

Claridad

Sólo cerrando los ojos,
podrás valorar el tiempo,
después de nevar,
sin escuchar lamentos.
Marcarás tus pasos
para volver,
sin saber,
que seguirá nevando.
Perderás tus propias huellas,
porque la niebla espesa,
no dejará ver tu regreso
perdido en el bosque.
Sólo cerrando tus ojos,
podrás valorar el tiempo,
después de llover,
sin oír lamentos.
Volverás sin buscar huellas
de un camino,
que sólo cerrando los ojos,
serías capaz de seguir
aunque la noche cayera.

Sentir

Me envolvió la niebla,
sin entender por qué,
sólo escuchaba,
nada se oía.
Sentí flotar,
sentí volar,
pero nada veía,
pensé en gritar,
pero nadie me oiría.
Sólo mi corazón latía,
como mis marcadas sienes,
como mis temblorosas manos
perdidas de frío.
Me envolvió la niebla,
sin entender
por qué.

Lucha solitaria

De quién será la culpa,
para que el espigado árbol,
tenga que sacar sus raíces,
de esa oscura tierra
para poder ver la luz…

Raíces

Lo impondrá la vida,
o lo impondrá el sol,
o será la propia semilla,
de la que nadie le habló.
Se metió en la tierra,
por su timidez
o no supo crecer,
siempre mirando al sol.
Crecía y crecía
buscando un rincón,
donde poder agarrarse,
su gran armazón.
Pobres raíces ocultas,
que inquietas buscan salir,
para no perderse nada,
de este bonito jardin.

Perdido invierno

Perdido invierno,
donde estarás,
buscando estación tranquila,
donde poderte parar.
Pasas de largo,
sin saber buscar,
ese sitio de siempre,
donde ponerte a nevar.

Queremos verte de blanco,
nuestras huellas remarcar,
para no perder el sitio,
de esta estación invernal.

Así será

No se vivir,
sin respirar profundo,
sin sentir en mi piel seca,
ese calor del sol.
Cerrar los ojos,
para no ver llover,
sólo escuchar los truenos
y el salpicar de un charco alegre.
Soplar el viento,
correr las nubes cargadas
y mirar el bosque cerrado,
para no sentir el frío.
Mirar desde la ventana,
el horizonte infinito,
confundir el cielo con el mar,
sabiendo,
que no es lo mismo.
Reír,
para poder sentir,
lágrimas de alegría,
dejarlas correr,
y notar que vivo.

Presumida

Que tímida luna,
en una noche cerrada,
cuando la niebla,
oculta su cara.
No brilla llena,
no le gusta nada,
prefiere ocultarse,
tras su ventana.
Seguirá creciendo,
oculta en la niebla,
sin dejarnos ver,
su estilizada estampa.
Presumida cual famosa,
sólo saldrá al balcón,
cuando su brillante luz,
deslumbre a la oscura noche
y sus marcas se pierdan,
ante tanta hermosura.

Cabeza loca

Se para el tiempo,
pero sólo en tu cabeza,
porque tu corazón no piensa,
no sabe pararse.
Suena el eco interior
de una cabeza intranquila,
no la dejan parar,
aun estando dormida.
Recorre rápido el tiempo vivido,
sin pensar en nada,
ni tan siquiera,
su vida real le inquieta.
Cabeza loca,
cabeza alegre,
que vive de noche,
lo que no puede,
vivir de día.

Encadenada

No ensucies mi tiempo,
en tu oscura tristeza abandonada,
no lo utilices tampoco,
en maquillar tu desvalida estampa.
Garras de águila nerviosa,
aferrada a su desnuda presa.
No la mira,
sólo escucha,
esperando su último adiós.
Incapaz de querer al viento,
por agitar su enrevesado pelo,
ni tan siquiera contar los días,
para intentar quererse.

Pobre

Donde mirará el girasol,
cuando la niebla caprichosa,
juegue a esconder su color,
y no pueda ver el sol?

Escorpión mudo

Mariposas infantiles sin dueño,
ilusiones sin futuro
engañadas con besos de miel
y abrazos de hiel.
Palabras,
miradas sin brillo
perdidas en la noche clara,
donde ni al frío,
eras capaz de abrazar.
Olor a mar,
donde mi propia piel sudaba
con el simple roce
de tu cercanía.
Espacios cortos
con batas blancas,
buscando rincones
donde clavar ese aguijón,
que acabó con las mariposas.

Hospital de guerra

Cuatro paredes blancas,
frías, serias,
amigas pasajeras,
de un corazón dañado,
solitario y engañado.

Mudo

Cuanto ocupa un vacío,
sin poder llenarlo de vida,
cuanto eco retumba en la nada
si no te escucho,
ni te siento cerca.
No quiero recuerdos,
para no tener que olvidarte,
cuando tus marcas,
dejaron
tanta profunda huella.
Maquillé la realidad,
viviendo en mi corazón
tu atormentada vida
atrapada en mil rincones.
Hice míos tus lamentos,
sin entender tu final,
sin esperar tu aguijón
de una muerte planeada.

Esta mi vida

No pararé de crecer,
aunque me cueste amistades
vacías de vida,
aunque las críticas hablen,
sin decirme nada.
No pararé de luchar,
de llenar mi corazón con risas,
sacando tristezas muertas
de mi ajetreada vida.
No pararé aunque muera,
de querer vivir alegre,
de respirar soledad
sin importarme nada.
Sentirme libre
de cargas inútiles,
como cualquier pasajero
sin destino deseado.
No pararé de creer,
en mi ajetreada vida...

Realidad maldita

Que diferente es la cara de la verdad,
cuando afloran tus pecados olvidados
y envenenas de palabras el espacio limpio,
entre mi cuerpo y tu ruina.
Débil el movimiento del pez,
cuando en las redes llora su miedo,
como tu vida enredada,
siendo incapaz de llorar.
En un rincón cualquiera,
maquillas suspiros falsos,
cual lombriz escondiéndose en la noche,
esa noche traicionera que te oculta.
No sabes decir TE QUIERO,
te da miedo la felicidad
de vivir riendo,
de ser libre de grilletes,
que en tu corazón marcaron
tiempos de amor obligado.

Así será

No te abrazaré soledad,
hasta que yo quiera,
hasta que mi corazón,
necesite tu corazón.

"Cuando alguien no te mire a los ojos,
nunca le des la espalda"

Solitaria vida

Alguien sabrá
escribir en el aire
cuando no sepa llorar
ni mirarte de frente.
Te cogerá
con su sudorosa mano
para salvar su miedo
sin importarle nada
el temblor de la tuya.
Atará en su aire
el barco a la deriva
estando varado en la playa,
no te dará nada,
ni su boca reseca,
ni su corazón marchito,
no esperes nada.

Mar perdido

Mudos pasos en la arena
dejando huellas profundas
que el mar borra y olvida,
sin mirar de frente a su dueño,
sin importarle nada,
ni tan siquiera,
ese idioma mudo
que grita el silencio.

Huellas difusas
borradas en la orilla
de una solitaria playa,
de un mar cualquiera.
No quedará rastro
de esa profunda marca,
de un resto marchito
cuando amanezca.
Se retirará el mar,
abandonando la orilla,
callará la arena seca,
sin dejar marca ninguna.
Sólo el sonido,
de ese mar embravecido.

Mi corazón

Frío seco
el de mi corazón,
necesitado de calor,
aun estando arropado.
No tiembla,
al ser fuerte,
pero sufre,
al ser despreciado.
No te abandonaré nunca…

No mas deseos

No te soñaré mas,
ni siquiera te recordaré,
tapando mis heridas
con pedazos rotos,
para no sentir nada.
Ni lloraré en el mar
para que no se note,
ni desearé rozar
mi piel con tu cuerpo,
ni sudaré perdido
entre tus brazos,
porque lograré borrarlo todo,
hasta tu silencio…

Nada

No mereces nada,
ni tu egoísmo
envuelto en suspiros,
ni tu propio desprecio,
ni tus ojos perdidos
en mis ojos.
Te enseñé a decir
"Te quiero"
asustándote el eco
de tu corazón.
Sudaban tus manos
de mentiras ocultas,
aferradas cual águila,
a su presa herida.
Abrazos huecos de día,
no aparecían de noche
por su propia mentira escondida.
No mereces nada…

Mi boca seca

Secaré mi boca
metida en el barro,
para poder besar al viento,
y limpiar,
para volver a sentir,
con mis labios nuevos.

Frío

No se mentir,
aunque la traición
me coja la mano
y la mirada parezca amiga.
No podré ver las marcas
abiertas en mi espalda,
pero si sentir el frescor
de una gota de sangre.

Después,
no me mirará de frente,
ni intentará besar
mis labios rotos,
no dirá nada,
meterá su cabeza en la tierra
y matará en silencio
su agonía.

Sorpresa

Sólo el espejo,
me hace reír,
en la primera
mirada del día.

Eco

Río en una habitación vacía,
sin saber,
que las paredes
abrazan el eco,
para reír siempre
aunque estén vacías.

Bravo

Miraba al río
y el me miraba,
mandaba mensajes
que yo no entendía.
Atado y libre,
pero encajonado,
no podía parar,
para mirar al sol,
sólo reflejar la luna.

No pararás

Como secar al río
sus lágrimas,
cuando el rugir de sus aguas
golpea incesante.
Aunque cansado,
seguirá saltando riscos,
la espuma de su boca,
querrá ser nieve en verano,
para en invierno,
tapar su cauce desnudo.
Descansará en algún remanso oculto,
para ser pisado
por sedientos animales
marcando su fondo
con despiadadas huellas profundas.
Le dará miedo el final,
por no ser nada en el mar,
perder su dulzura
ahogada en la sal,
de algo también hermoso,
si supiera navegar.

Encuentro amigo

He vuelto
a mirar al mar,
era de noche,
el resplandor de la luna,
hizo cerrar mis ojos
y su olor,
el de siempre.
Sus olas,
rompían alegres
contándome entre la espuma,
aventuras olvidadas.
Salpicaba mi cara,
confundiendo mis lágrimas
con sus lágrimas,
los dos reíamos.
Cuantas ganas de verte,
cuantas de sentirte,
de volver a tenerte,
cuantas…

Sentirte cerca

Volví a sentir
el calor del sol,
cuando seguía nublado
en mi confusa mente.
Mis ojos húmedos,
reían en silencio,
sin apenas ver
ese amanecer soñado.

Siempre a mi lado,
sus ojos brillaban
en la noche,
escoltando mis breves sueños.
Su mano caliente,
cogía mi mano fría,
besos de noche,
besos de día.
Cuanto te quiero,
pequeña mía.

"Cuanto ruido hace el silencio,
cuando no lo quieres contigo"…

Pena sana

Sentí el amor,
sin saber lo que era,
sólo se que flotaba,
cuando tú,
ni sentías,
ni me amabas.

No quieres quererte

No supe entender,
tu apatía silenciosa,
ni tus gestos
ocultos en cajón
de alcoba.
Plana y muda,
mano sudorosa
de esfuerzos vacíos,
para una esquiva mirada.
Sigue el avestruz
sus pasos,
para enseñar
a ocultar su vida,
sola y suya,
incapaz de volar.

Ermita (Lozoya)

Ya no

   No me temblará el pulso,
ni el corazón,
para apartar suspiros
de amor no deseados,
ni desperdiciar lágrimas
de mis ojos tristes,
ya no pasará…

Llegará

Hincharé mi pecho
de aire fresco,
para poder reír,
hasta que me falten
las fuerzas,
para seguir en pie,
para olvidar
mis ilusiones rotas.

Estás señalada

Te pasarás la vida,
dejando profundas huellas,
no dirás nada,
sólo huirás,
sin hablar,
no te importas nada.

Magia

Sólo las llamas del fuego,
son capaces de bailar
con mis ojos,
aun sintiendo frío.

Esa magia,
no quemará
mi reseca piel,
aunque me cubra
de brasas.

Soplaré,
hasta que mis fuerzas
se agoten
              después.

Seguir soplando,
para que tu calor
enamore
a mi frío interno.

Quiero saber

Quiero saber
que sientes,
cuando te abrazo,
cuando mis sienes
palpitan mudas
y mi corazón,
desabrocha mi camisa
mojada de amor.

Ruidos mudos

¡Oh soledad ruidosa!
no eres capaz,
de dormir
de noche.
Escondes tus armas
en rincones abiertos,
procurando hacer sonar,
cascabeles de espinas.
Retumba
la cerradura solitaria,
al girar sus resecas entrañas
y dar paso,
a esas maderas que crujen
al paso de mis asustadas
cortas pisadas.
Abro las ventanas
para que no me falte
el aire,
para que los pájaros,
entiendan mis gritos de amor,
sin decir nada.

Distancia

Siento inquietud
hace tiempo,
aun bajando de ese tren,
que ni siquiera,
es amigo.
Contaba los días,
sin saber contar,
calendario sin hojas,
como un árbol seco.
Olores de ropa húmeda,
sin ser míos,
ecos mudos,
que retumban
sin respuesta.
Sólo el silbato
de un viejo tren.

Regalo

Cuanto esfuerzo
te pide la vida,
cuando,
no quiere perderte.
Cuanto esfuerzo
le das a la vida,
cuando,
no quieres perderla.

Solitario

Camino entre arboles
con ramas desnudas,
sin ver el sol,
sólo la luna.

No temas

No duermo,
aunque me canse,
para que no diga,
la propia vida,
que no lucho por ella.

Para que no me riña,
para que sepa,
que no llegaré el primero,
pero llegaré arrastrándome
por ese camino de estrellas,
de ortigas y de jazmines,
para que siga riendo.

Podré

¿Podré coger del brazo
al aire,
para poder vivir,
esa locura suya,
sin que mi pelo
se enrede,
mis ojos,
vean sus ojos
y mi corazón,
camine junto
a su corazón?

Verdad

Hay noches,
que duermo de día,
porque sin luz,
no reconozco mis sueños.

Respiraré profundo
apretaré los puños
sin bajar la guardia
que me empuja a vivir.

No quiero perder
mas tiempo,
mas vida,
sin sentir,
mis marcadas sienes latir.

Amores

¿Podrá apagarse el sol,
sin casarse con la luna,
o será la luna,
la que encenderá al sol?

Dudas

Que sentiré yo,
cuando la tierra gire
y esté boca abajo,
cuando mis pies
no tengan el suelo,
caigan las monedas
de mis bolsillos,
y mi corazón despistado,
no sepa latir...

Espacio imposible

Esta noche
pediré a la luna,
que baje un poco,
para poder contarla secretos,
sin que nadie
nos escuche.

Tobogán incierto

Noche cerrada,
donde todos duermen
menos el río,
que entre piedras
salpica de lágrimas,
sabiendo que al final,
perderá su identidad,
en un salado mar.

Rastro maldito

Amanezco agarrado a ti,
sin miedo, intranquilo,
pero nervioso,
esperando el día,
que no estarás,
no dejarás huella,
sólo las llaves frías,
de una prestada casa.

Miedo escénico

Me equivoqué
al quererte,
aun sintiendo nervios
por no verte.
Sólo el avestruz,
y tu,
son capaces
de enterrar su cabeza,
sin decirte nada.

Oscuro día

Ecos de fondo,
donde las sombras,
se ocultan tras
sus propias sombras,
escondiendo siluetas estilizadas,
por el miedo
a ser vistas.
Oscuras durante el día,
para en la noche,
disimular sus lágrimas,
cual resina,
brillante y pegajosa.

No lo sé

No sé
donde irá el amor
cuando se olvida,
arderá con el sol,
o se aliará
con la luna.

Mejor sola

Olvidaré el día
en el que huiste,
bajo tus pies de barro,
sin dejar huella.

Sólo un camino,
vacío de marcas,
una voz dulce
de risas forzadas,
amagos de abrazos,
que no te salían,
pero siempre en la noche,
dormías…

Amanece

Lloraba frente al espejo,
pero a mi imagen,
no le corrían lágrimas,
mis ojos secos,
rompieron al sabio espejo.

No aguanta
un amanecer sin risa
para una imagen triste
en su primera mirada.

Bastón viajero

Aquel viejo caminante,
sólo lo hacía de noche,
para no dar envidia,
a eso pobres girasoles…

Sólo eso

Escucho al silencio
y le hablo de ti,
silencio,
sólo escucho silencio.
No dejaste rastro,
ni vida,
ni ruido,
sólo eso,
silencio…

Busco amigos

Un simple papel,
un papel manchado
de tinta ingenua,
marca espacios crueles,
entre ser o tener.
Metal frío
o papel mojado,
solo, sin amigos,
sólo eres eso,
dinero.

Muy lejos (India)

No entiendo su idioma
de tez oscura,
hablan sus ojos
cuando me miran,
lo realmente duro,
es ver,
que en realidad,
no brillan.

Vacio

¿Sabríamos cambiar
el sol por la luna,
la risa por el llanto,
y seguir viviendo?
Siempre mandará
el corazón,
al seguir
latiendo.

Nepal 1

Pierden la juventud
al nacer,
cuando no tienen
nada,
hasta el futuro,
se perdió,
porque llegaron tarde.

Misteriosa selva

Caminas inquieto
por su verde salón,
sin pedir permiso,
invadiendo su paz,
con murmullos absurdos.
Saben que estás,
aunque tú no los veas,
sólo en la noches,
los oyes,
cuando ya no ríes,
tu corazón se acelera
y sales nervioso,
cerrando la puerta.

Mírala

Cuanto tiempo
aguantaria mi mirada,
si tu corazón se acelera
o necesitas respirar,
y tus manos inquietas,
ya te empiezan
a temblar.
Aguantaría el tiempo
que mis ojos,
se llenaran de estrellas
y no pudiera
amarte mas.

Amigo extraño (Alzehimer)

Algo pasa
que no entiendo,
pero lo siento
y no lo comprendo.
Pregunto al espejo,
que a su vez,
me pregunta angustiado,
te conozco?.
Largo silencio,
tenso e incierto.
Cierro los ojos,
para reconocer mi voz,
porque ellos,
confusos,
se pierden.
Tropiezo al salir,
descalzo,
porque mis pasos,
ya no suenan
como ayer.

Nepal 2

Un puñado
de nada,
es suficiente,
para pasar el día,
pensando en mañana.

Locura

Si los colores,
hablaran,
sería imposible,
escuchar
el silencio.

Seguiré solo

Seguiré solo el camino,
sin lastres,
sin pesares monótonos,
que me impidan la libertad
de crecer.
Romperé el silencio
con juegos infantiles,
para no caer en trampas,
ni mentiras
sin escrúpulos.
Viviré despacio,
sin utilizar mis alas,
para no perderme nada,
y vivir siempre riendo.

Pura magia

Anoche,
retuve al sol,
por ver si veía
a la luna.
Tras una nube,
hablamos los tres.
Sería con luz,
sería en penumbra.
Se inventó el eclipse,
por ser,
la única aventura
capaz,
de unir el amor,
entre el sol
y la luna…

"Si cuentas tus penas,
sabrán donde eres vulnerable"

Agradecimientos

A todos aquellos que aportan ese calor de leer mis sencillas letras sin decir nada.

A los que tendrán el libro y no lo leerán.

A mis amigos y a los que no lo son.

A toda mi familia, por estar ahí, con su simple mirada, sus abrazos, su calor, su cercanía.

A mis hijos, que aun siendo pájaro, no sabría volar sin ellos.

A la vida, que me ha dado esta tercera oportunidad de seguir contando cosas, mirándola de frente.

GRACIAS

Se acabó

Por fin,
se paro el tambor
de esa pistola amiga,
sin ruido,
en silencio.

La pondré,
en un cajón oscuro,
vaciaré sus tripas
de objetos pesados
para que descanse
y duerma tranquila…

Índice